AF187590

Impressum
Verlag: BABADADA GmbH, Nedderfeld 112 , 22529 Hamburg
Geschäftsführer / Verlagsleitung: Harald Hof
Druck: Books on Demand GmbH, In de Tarpen 42, 22848 Norderstedt

Imprint
Publisher: BABADADA GmbH, Nedderfeld 112 , 22529 Hamburg, Germany
Managing Director / Publishing direction: Harald Hof
Print: Books on Demand GmbH, In de Tarpen 42, 22848 Norderstedt, Germany

школа

skole

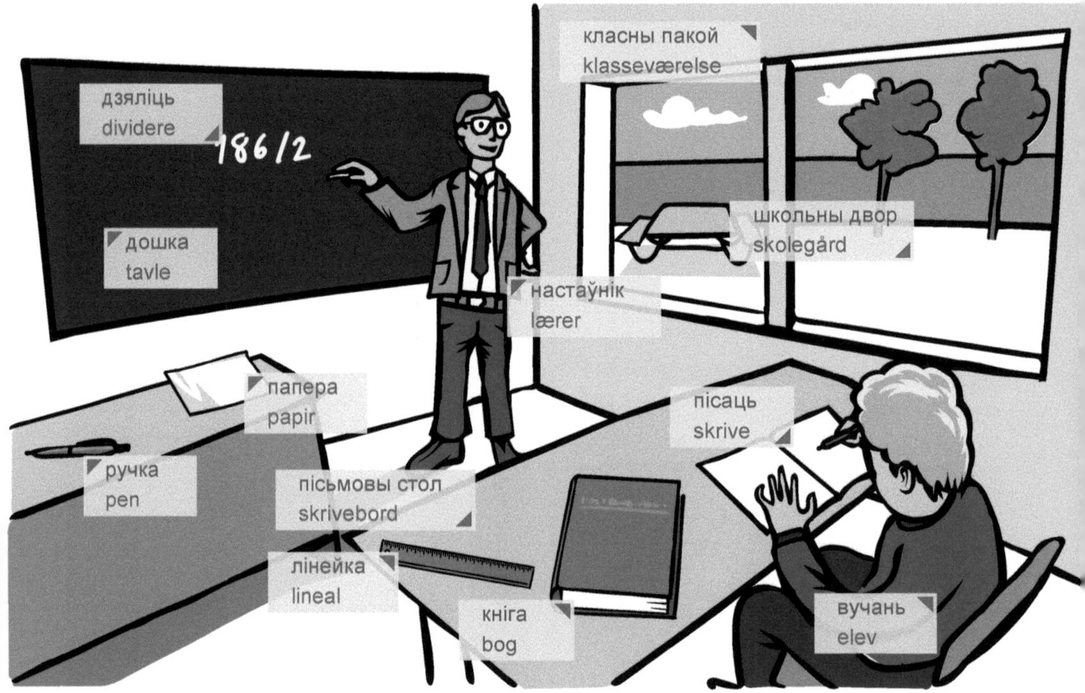

класны пакой
klasseværelse
дзяліць
dividere
186/2
дошка
tavle
школьны двор
skolegård
настаўнік
lærer
папера
papir
пісаць
skrive
ручка
pen
пісьмовы стол
skrivebord
лінейка
lineal
кніга
bog
вучань
elev

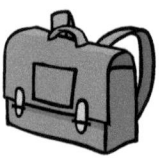

ранец

skoletaske

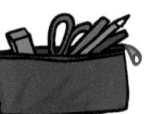

пенал

penalhus

просты аловак

blyant

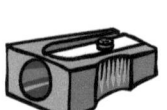

тачылка для алоўкаў

blyantspidser

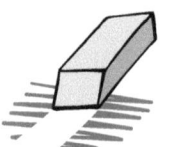

гумка

viskelæder

альбом для малявання

tegneblok

малюнак

tegning

пэндзлік

pensel

фарбы

æske med vandfarver

нажніцы

saks

клей

lim

сшытак

opgavehefte

хатняе заданне

lektie

лік

tal

2+2

дадаваць

addere

адымаць

subtrahere

множыць

multiplicere

лічыць

regne

літара

bogstav

алфавіт

alfabet

словы

ord

тэкст

tekst

чытаць

læse

крэйда

kridt

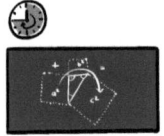

ўрок

time

класны журнал

klasseprotokol

экзамен

eksamen

атэстат

karakterbog

школьная форма

skoleuniform

адукацыя

uddannelse

энцыклапедыя

leksikon

універсітэт

universitet

мікраскоп

mikroskop

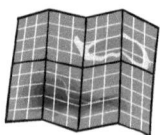

карта

kort

смеццевы кошык

papirkurv

падарожжа
rejse

гатэль
hotel
Grand
хостэл
herberg
ROOMS
абменны пункт
vekselkontor
чамадан
kuffert
аўтамабіль
bil

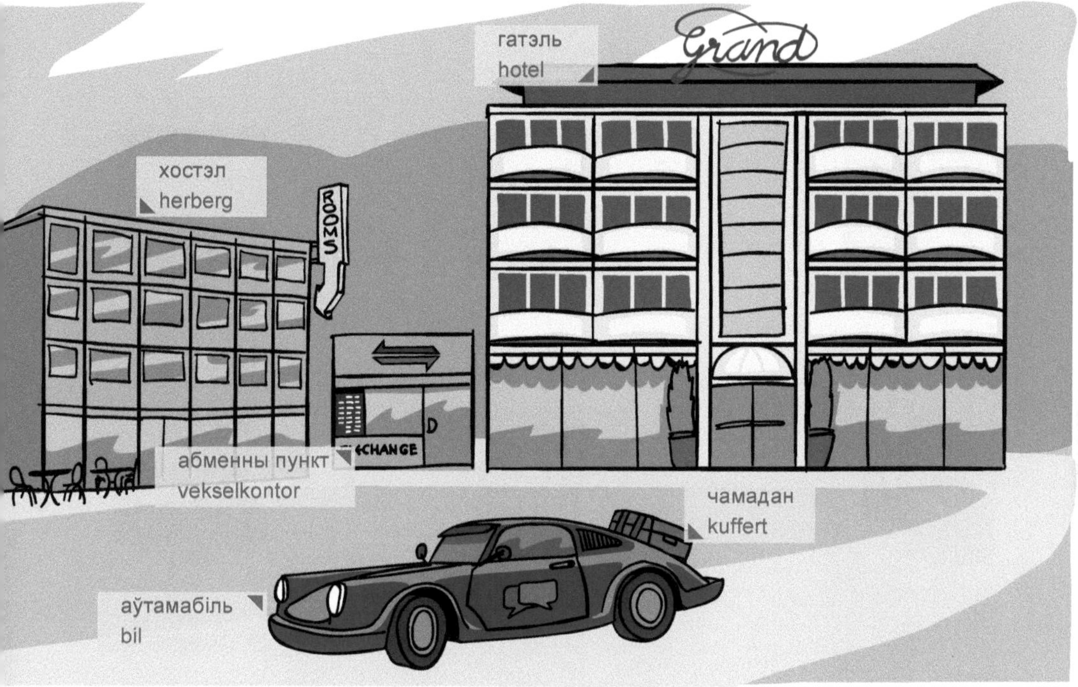

мова
sprog

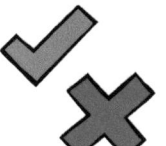

так / не
ja / nej

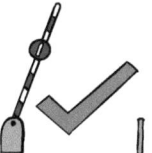

добра
okay

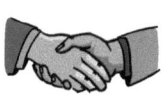

прывітанне!
hej

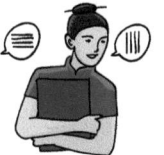

перакладчык
oversætter

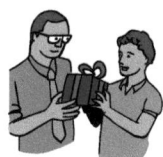

дзякуй
tak

Колькі каштуе....?

hvad koster...?

я не разумею

Jeg forstår ikke

праблема

problem

Добры вечар!

God aften!

Добрай раніцы!

God morgen!

Дабранач!

God nat!

да пабачэння

farvel

кірунак

retning

багаж

bagage

сумка

taske

заплечнік

rygsæk

госць

gæst

пакой

værelse

спальны мяшок

sovepose

палатка

telt

інфармацыя для турыстаў

turistinformation

пляж

strand

крэдытная картка

kreditkort

снеданне

morgenmad

абед

middagsmad

вячэра

aftensmad

праязны білет

billet

ліфт

elevator

паштовая марка

frimærke

мяжа

grænse

мытня

told

пасольства

ambassade

віза

visum

пашпарт

pas

трансцарт

transport

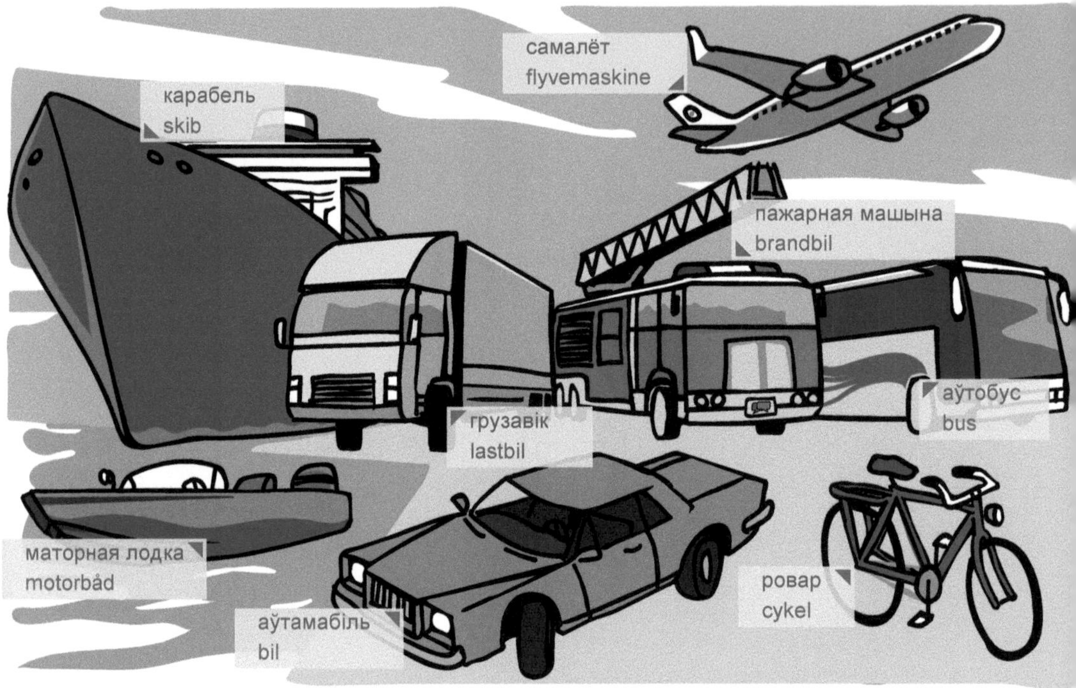

самалёт
flyvemaskine
карабель
skib
пажарная машына
brandbil
аўтобус
bus
грузавік
lastbil
маторная лодка
motorbåd
ровар
cykel
аўтамабіль
bil

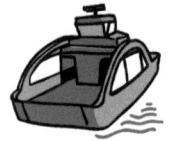

паром

færge

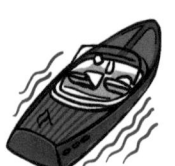

лодка

båd

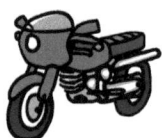

матацыкл

motorcykel

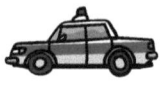

паліцэйская машына

politibil

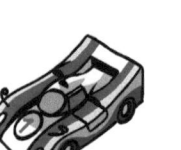

гоначны аўтамабіль

racerbil

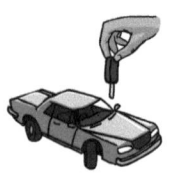

арэндаваны аўтамабіль

lejebil

сумеснае карыстанне аўтамабілем

samkørsel

эвакуатар

kranbil

смеццявоз

skraldebil

матор

motor

паліва

benzin

запраўка

tankstation

дарожны знак

trafikskilt

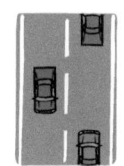

дарожны рух

trafik

затор

trafikprop

паркоўка

parkeringsplads

чыгуначная станцыя

banegård

рэйкі

skinner

цягнік

tog

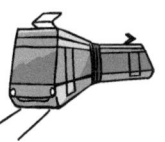

трамвай

sporvogn

вагон

wagon

верталёт

helikopter

аэрапорт

lufthavn

вежа

tårn

пасажыр

passager

кантэйнер

container

кардонная скрыня

karton

тачка

kærre

карзіна

kurv

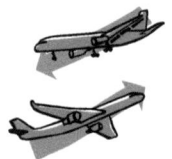

ўзлятаць / прызямляцца

starte / lande

горад

by

вёска

landsby

цэнтр горада

bymidte

дом

hus

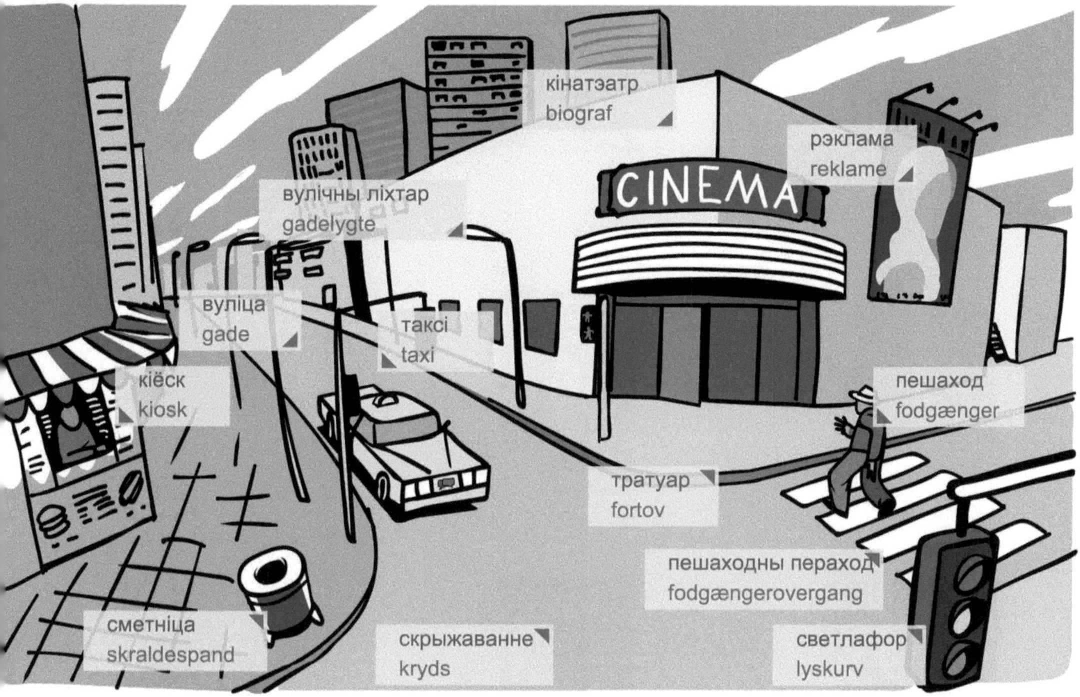

кінатэатр
biograf

рэклама
reklame

вулічны ліхтар
gadelygte

CINEMA

вуліца
gade

таксі
taxi

кіёск
kiosk

пешаход
fodgænger

тратуар
fortov

пешаходны пераход
fodgængerovergang

сметніца
skraldespand

скрыжаванне
kryds

светлафор
lyskurv

халупа
hytte

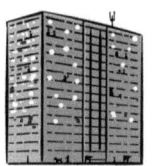

кватэра
lejlighed

чыгуначная станцыя
banegård

ратуша
rådhus

музей
museum

школа
skole

універсітэт

universitet

банк

bank

шпіталь

sygehus

гатэль

hotel

аптэка

apotek

офіс

kontor

кнігарня

boghandel

крама

butik

кветкавая крама

blomsterbutik

супермаркет

supermarked

кірмаш

marked

універмаг

stormagasin

рыбная крама

fiskehandler

гандлевы цэнтр

butikscenter

порт

havn

парк

park

лава

bænk

мост

bro

лесвіца

trappe

метро

undergrundsbane

тунэль

tunnel

прыпынак

busstoppested

бар

barnevogn

рэстаран

restaurant

паштовая скрыня

postkasse

вулічны паказальнік

vejskilt

паркамат

parkometer

заапарк

zoo

басейн

badeanstalt

мячэць

moske

сядзіба

bondegård

забруджванне
навакольнага асяроддзя

miljøforurening

могілкі

kirkegård

царква

kirke

пляцоўка для гульні

legeplads

храм

tempel

краявід

landskab

ліст
blad

паказальнік
vejviser

дарога
vej

луг
eng

камень
sten

дрэва
træ

падарожнік
vandrer

рака
flod

трава
græs

кветка
blomst

даліна

dal

гара

bjerg

возера

sø

лес

skov

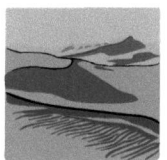

пустыня

ørken

вулкан

vulkan

замак

slot

вясёлка

regnbue

грыб

svamp

пальма

palme

камар

moskito

муха

flue

мурашка

myre

пчала

bi

павук

edderkop

жук

bille

жаба

frø

вавёрка

egern

вожык

pindsvin

заяц

hare

сава

ugle

птушка

fugl

лебедзь

svane

дзік

vildsvin

алень

hjort

лось

elg

пляціна

dæmning

вятрак

vindmølle

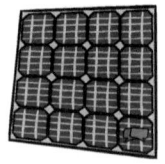

сонечная батарэя

solcellemodul

клімат

klima

рэстаран

restaurant

афіцыянт
tjener
меню
spisekort
крэсла
stol
суп
suppe
піца
pizza
сталовыя прыборы
bestik
абрус
borddug

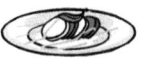

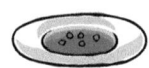

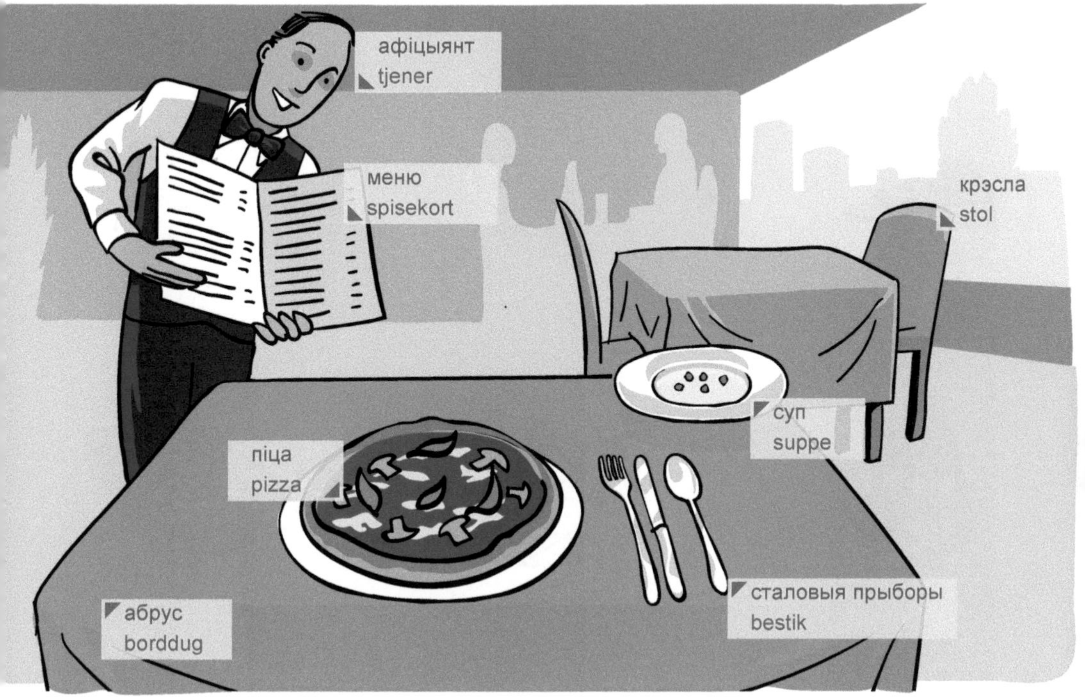

закуска

forret

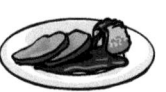

другая страва

hovedret

дэсерт

dessert

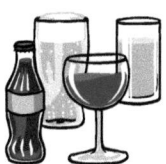

напоі

drikkevarer

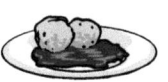

ежа

mad

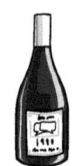

бутэлька

flaske

хуткае харчаванне (фаст-фуд)

fastfood

стрыт-фуд

streetfood

імбрык (чайнік)

tekande

цукарніца

sukkerdåse

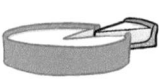

порцыя

portion

эспрэса-машына

espressomaskine

дзіцячае крэселка

barnestol

рахунак

faktura

паднос

tablet

нож

kniv

відэлец

gaffel

лыжка

ske

чайная лыжка

teske

сурвэтка

serviet

шклянка

glas

рэстаран - restaurant

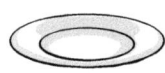

талерка

tallerken

супавая талерка

dyb tallerken

сподак

underkop

соус

sovs

сальніца

saltbøsse

млынок для перцу

peberkværn

воцат

eddike

алей

olie

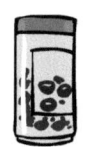

спецыі

krydderier

кетчуп

ketchup

гарчыца

sennep

маянэз

mayonnaise

супермаркет
supermarked

акцыя
tilbud
FOR
пакупнік
kunde
малочныя прадукты
mælkeprodukter
садавіна
frugt
вазок
indkøbsvogn

BUTCHERS

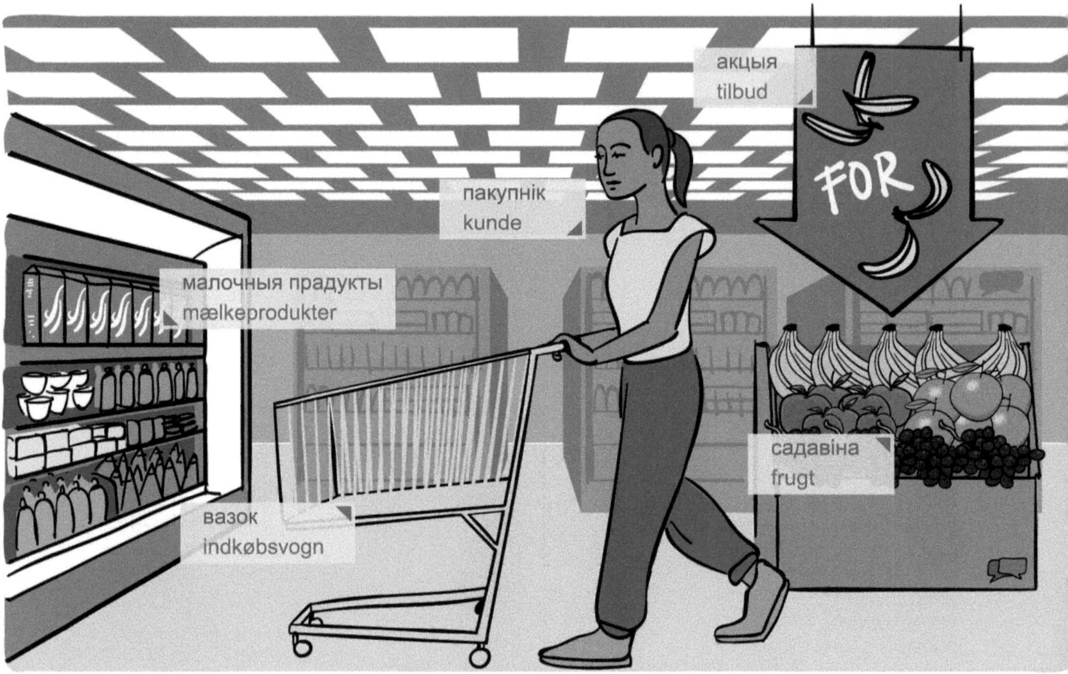

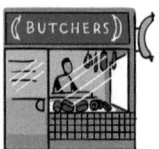

мясная крама

slagter

BAKERY

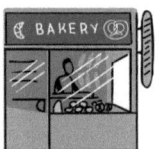

хлебны магазін

bageri

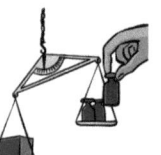

важыць

veje

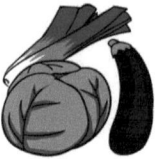

гароднiна

grøntsager

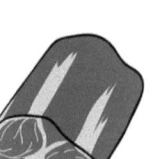

мяса

kød

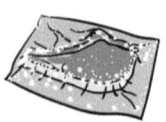

свежазамарожаныя прадукты

frostvarer

нарэзка

pålæg

кансервы

konserves

пральны парашок

vaskemiddel

прысмакі

slik

хатнія прылады

husholdningsvarer

чысцячы сродак

rengøringsmidler

прадавец

ekspedient

каса

kasse

касір

kasserer

спіс пакупак

indkøbsliste

гадзіны працы

åbningstider

бумажнік

tegnebog

крэдытная картка

kreditkort

сумка

taske

пакет

plasticpose

вада

vand

сок

saft

малако

mælk

кола

cola

віно

vin

піва

øl

алкаголь

alkohol

какава

kakao

гарбата (чай)

te

кава

kaffe

эспрэса

espresso

капучына

cappuccino

банан

banan

яблык

æble

апельсін

appelsin

дыня

melon

лімон

citron

морква

gulerod

часнок

hvidløg

бамбук

bambus

цыбуля

løg

грыб

svamp

арэхі

nødder

локшына

nudler

спагеці

spaghetti

рыс

ris

салата

salat

бульба фры

pomfritter

смажаная бульба

stegte kartofler

піца

pizza

гамбургер

hamburger

бутэрброд

sandwich

шніцаль

schnitzel

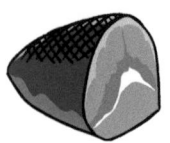

вяндліна

skinke

салямі

salami

каўбаса

pølse

курыца

kylling

смажаніна

steg

рыбак

fisk

ежа - mad

аўсяныя камякі

havregryn

мюслі

mysli

кукурузныя шматкі

cornflakes

мука

mel

круасан

croissant

булачка

rundstykke

хлеб

brød

тост

toast

пячэнне

kiks

масла

smør

тварог

kvark

пірог

kage

яйка

æg

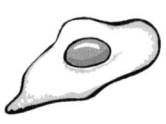

яечня

spejlæg

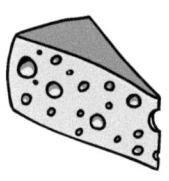

сыр

ost

марожанае

is

цукар

sukker

мёд

honning

варэнне

marmelade

нуга

nougat-creme

кары

karry

сядзіба

bondegård

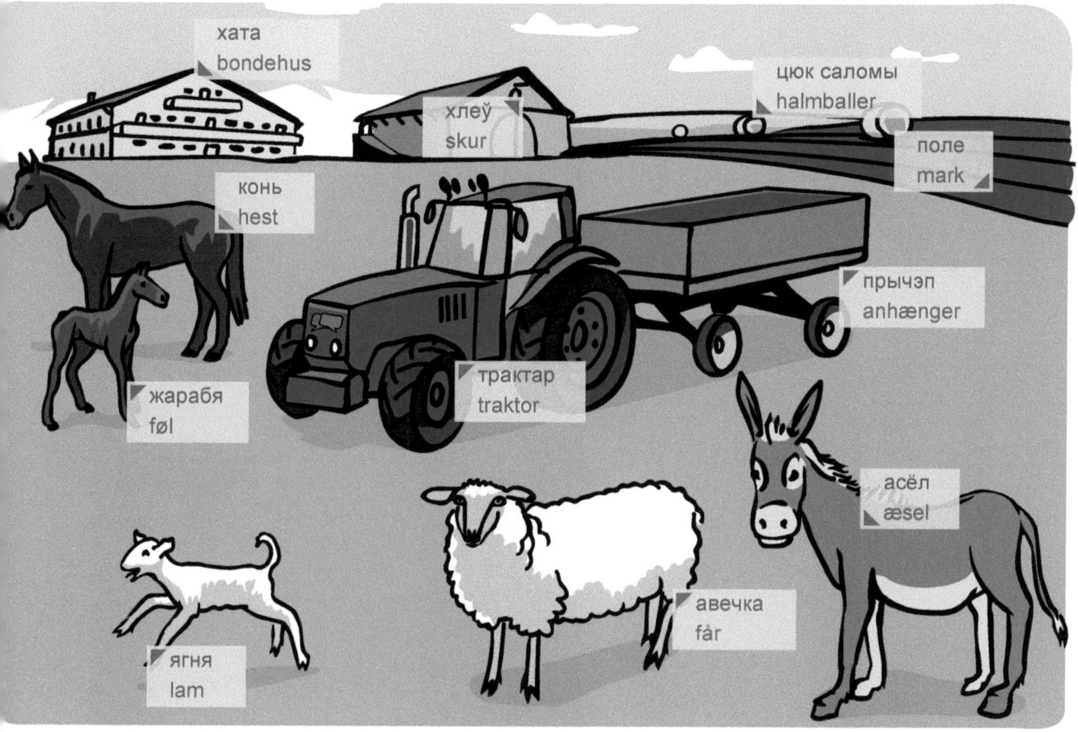
хата
bondehus
цюк саломы
halmballer
хлеў
skur
поле
mark
конь
hest
прычэп
anhænger
трактар
traktor
жарабя
føl
асёл
æsel
авечка
får
ягня
lam

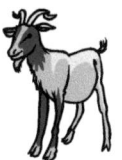

каза

ged

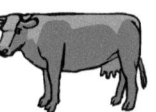

карова

ko

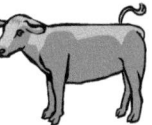

цяля

kalv

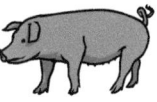

свіння

svin

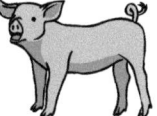

парася

gris

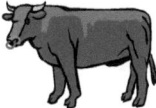

бык

tyr

гусак
gås

качка
and

кураня
kylling

курыца
høne

певень
hane

пацук
rotte

кот
kat

мыш
mus

вол
okse

сабака
hund

сабачая будка
hundehus

садовы шланг
haveslange

палівачка
vandkande

каса
le

плуг
plov

серп

segl

матыка

hakkejern

вілы для гною

møggreb

сякера

økse

тачка

trillebør

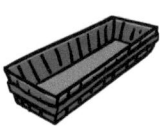

карыта

trug

бітон для малака

mælkekande

мех

sæk

плот

hæk

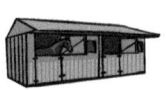

хлеў

stald

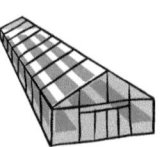

цяпліца

drivhus

глеба

jord

насенне

frø

угнаенне

gødning

камбайн

mejetærsker

збіраць ураджай	ураджай	ямс
høste	høst	yams

пшаніца	соя	бульба
hvede	soja	kartoffel

кукуруза	рапс	садовае дрэва
majs	raps	frugttræ

маніёк	збожжа
maniok	korn

комін
skorsten

дах
tag

вадасцёк
tagrende

акно
vindue

гараж
garage

званок
dørklokke

дзверы
dør

вядро для смецця
skraldespand

паштовая скрыня
postkasse

сад
have

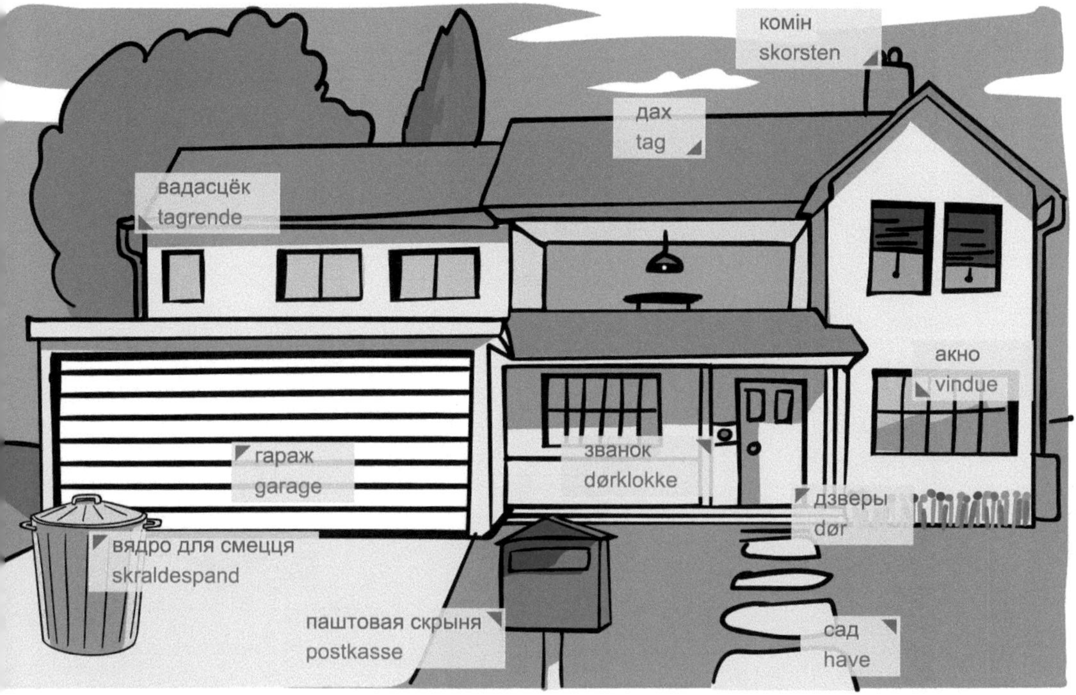

жылы пакой
stue

ванная
badeværelse

кухня
køkken

спальны пакой
soveværelse

дзіцячы пакой
børneværelse

сталоўка
spisestue

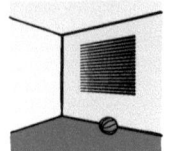

падлога

gulv

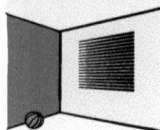

сцяна

væg

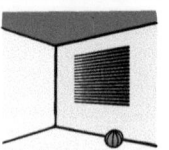

столь

loft

падвал

kælder

саўна

sauna

балкон

altan

тэраса

terrasse

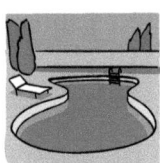

басейн

svømmehal

касілка

plæneklipper

падкоўдранік

dynebetræk

коўдра

dyne

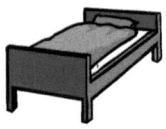

ложак

seng

венік

kost

вядро

spand

выключальнік

kontakt

жылы пакой

stue

шпалеры
tapet
малюнак
billede
лямпа
lampe
паліца
reol
шафа
skab
тэлевізар
fjernsyn
камін
pejs
кветка
blomst
падушка
pude
канапа
sofa
ваза
vase
пульт
fjernbetjening

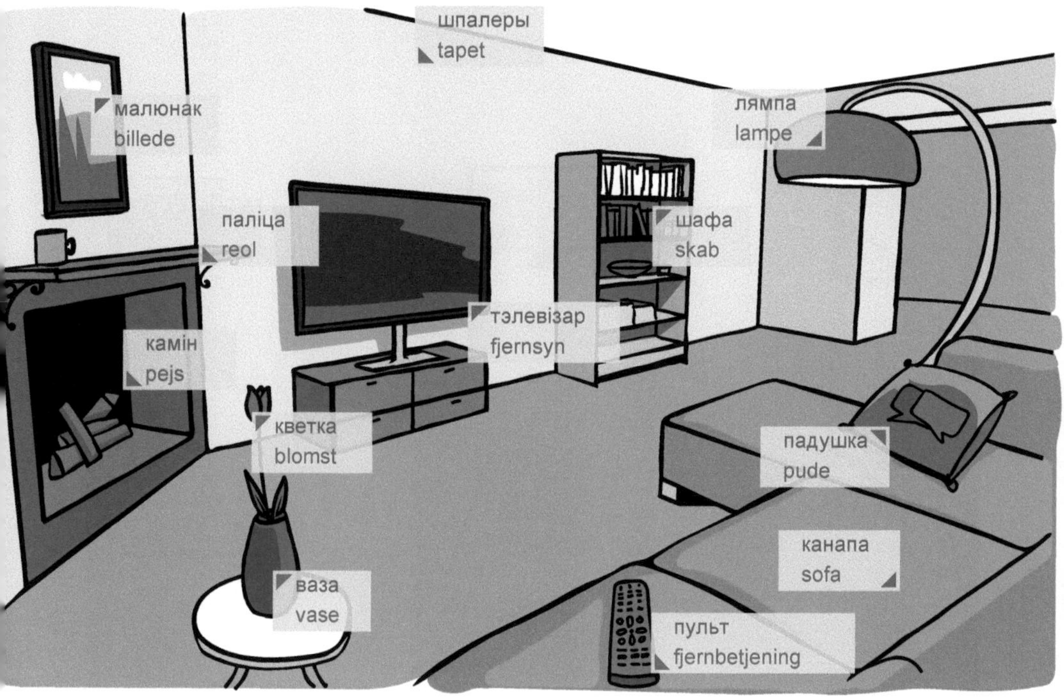

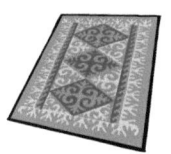

дыван
gulvtæppe

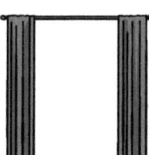

фіранка
gardin

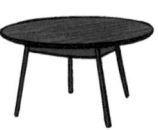

стол
bord

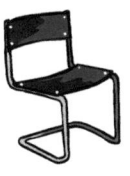

крэсла
stol

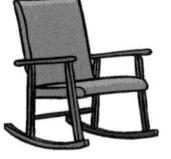

крэсла-качалка
gyngestol

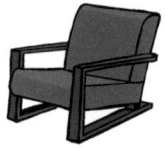

крэсла
lænestol

кніга

bog

коўдра

tæppe

дэкарацыя

dekoration

дровы

brænde

кіно

film

стэрэасістэма

stereoanlæg

ключ

nøgle

газета

avis

карціна

maleri

постар

plakat

радыё

radio

нататнік

notesblok

пыласос

støvsuger

кактус

kaktus

свечка

lys

кухня
køkken

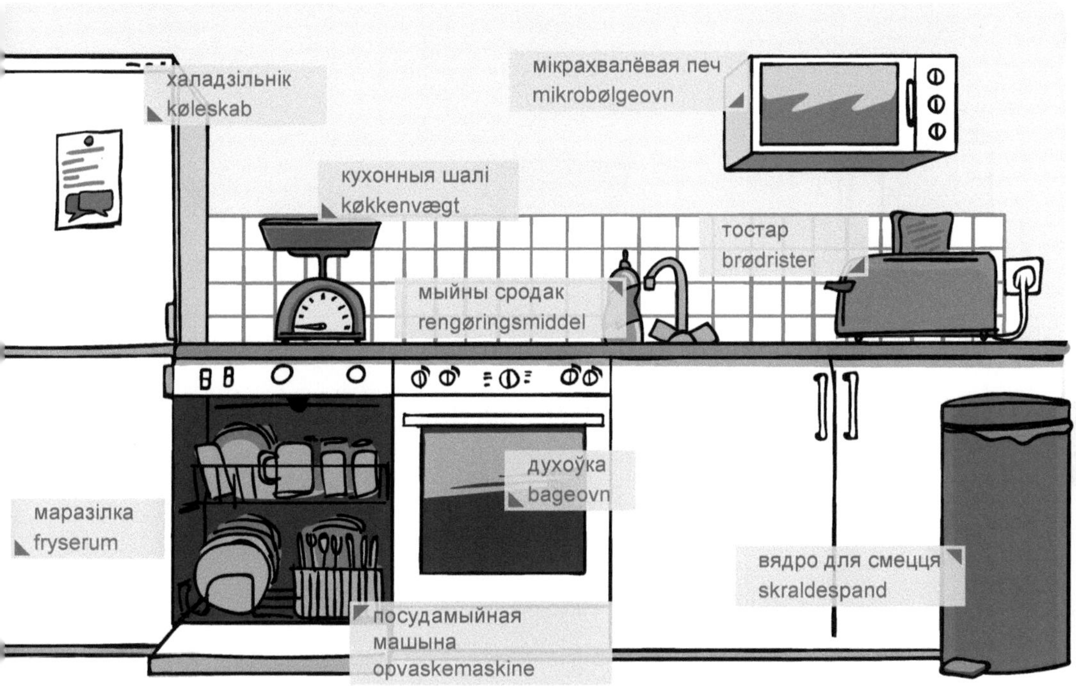
халадзільнік
køleskab
мікрахвалёвая печ
mikrobølgeovn
кухонныя шалі
køkkenvægt
тостар
brødrister
мыйны сродак
rengøringsmiddel
духоўка
bageovn
маразілка
fryserum
вядро для смецця
skraldespand
посудамыйная
машына
opvaskemaskine

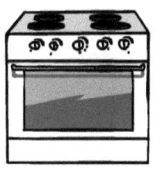

пліта
komfur

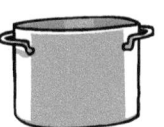

рондаль
gryde

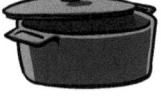

чыгунок
jerngryde

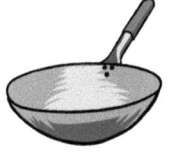

Вок / кадаі
wok / kadai

патэльня
pande

чайнік
elkedel

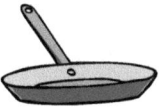

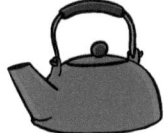

параварка

dampkoger

бляха

bageplade

посуд

service

кубак

bæger

міска

skål

палачкі для ежы

spisepinde

чарпак

øseske

лапатачка

paletkniv

збівалка

piskeris

сіта для варэння

dørslag

сіта

si

тарка

rive

ступка

morter

грыль

grille

вогнішча

ildsted

дошка

skærebræt

качалка

kagerulle

штопар

proptrækker

бляшанка

dåse

адкрывалка

dåseåbner

прыхваткі

grydelap

ракавіна

køkkenvask

шчотка

børste

губка

svamp

міксер

blender

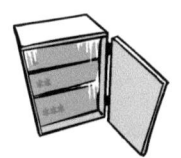

маразільная камера

dybfryser

бутэлечка

sutteflaske

вадаправодны кран

vandhane

ванная
badeværelse

душ
brusebad
ручніковы сушыцель
radiator
ручнік
håndklæde
штора для душа
bruserforhæng
пенная ванна
skumbad
ванна
badekar
шклянка
glas
мыйная машына
vaskemaskine
вадаправодны кран
vandhane
плітка
fliser
начны гаршчок
tissepotte
ракавіна
køkkenvask

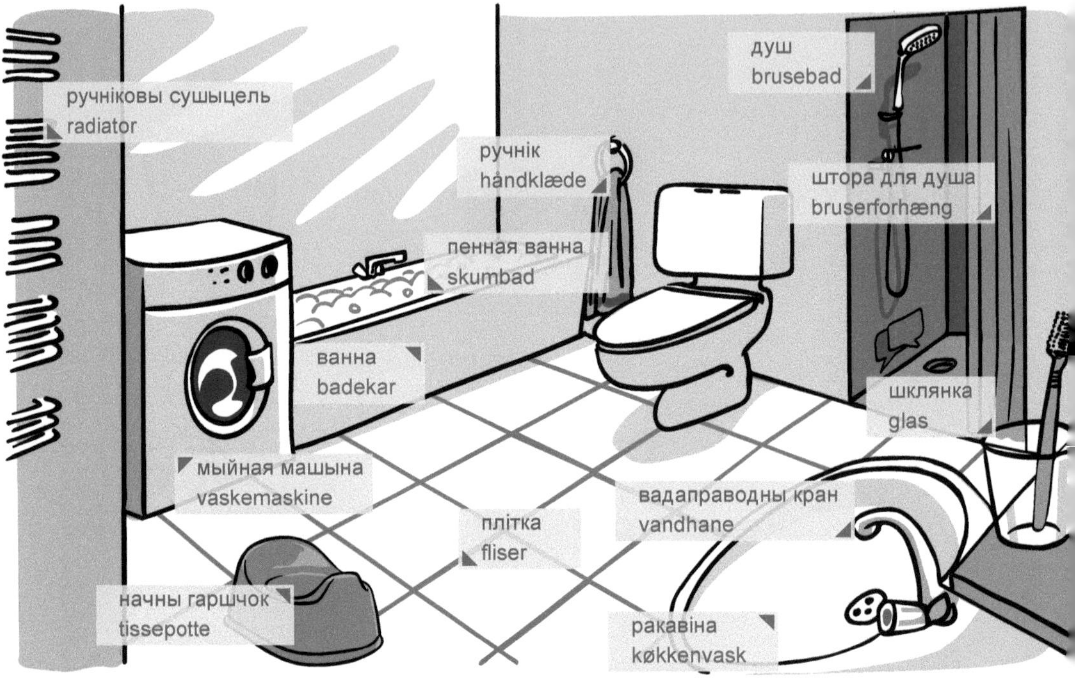

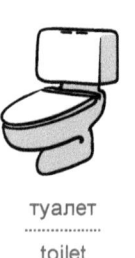

туалет

toilet

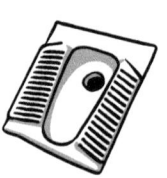

падлогавы ўнітаз

hugsiddende toilet

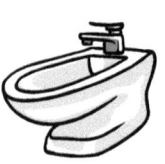

бідэ

bidet

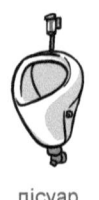

пісуар

pissoir

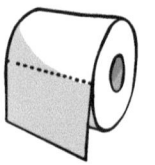

туалетная папера

toiletpapir

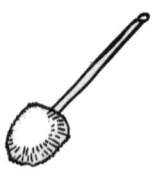

шчотка для чысткі ўнітаза

toiletbørste

зубная шчотка

tandbørste

зубная паста

tandpasta

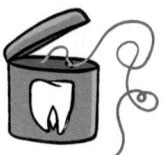

зубная нітка

tandtråd

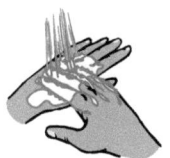

мыць

vaske

ручны душ

håndbruser

інтымны душ

intimbruser

умывальнік

vaskefad

шчотка для спіны

badebørste

мыла

sæbe

гель для душа

brusegele

шампунь

shampoo

вяхотка

vaskeklud

вадасцёк

afløb

крэм

creme

дэзадарант

deodorant

люстэрка

spejl

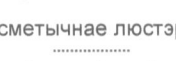

касметычнае люстэрка

kosmetikspejl

станок для галення

barberhøvl

пена для галення

barberskum

ласьён пасля галення

barbervand

грэбень

kam

шчотка

børste

фен

hårtørrer

лак для валасоў

hårspray

касметыка

makeup

памада

læbestift

лак для пазногцяў

neglelak

вата

vat

манікюрныя нажніцы

neglesaks

духі

parfume

касметычка
toilettaske

табурэтка
skammel

вагі
vægt

лазневы халат
badekåbe

санітарныя пальчаткі
gummihandsker

тампон
tampon

гігіенічныя пракладкі
damebind

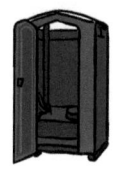

біятуалет
kemisk toilet

дзіцячы пакой
børneværelse

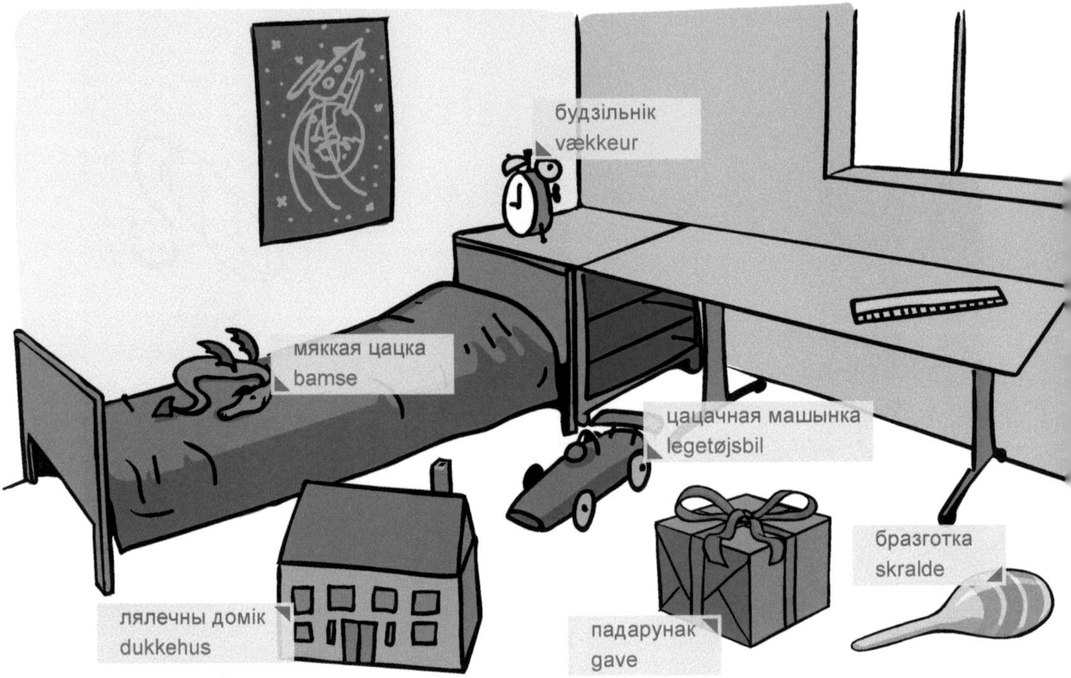

будзільнік
vækkeur
мяккая цацка
bamse
цацачная машынка
legetøjsbil
бразготка
skralde
лялечны домік
dukkehus
падарунак
gave

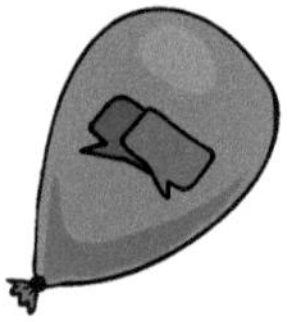

надзіманы шарык

ballon

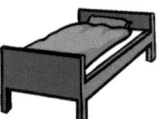

ложак

seng

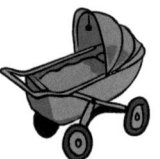

дзіцячая каляска

barnevogn

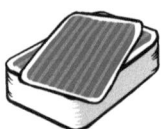

калода картаў

kortspil

пазл

puslespil

SUPER MEGA

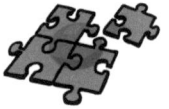

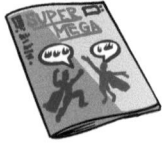

комікс

tegneserie

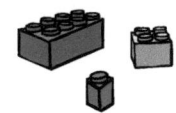

канструктар "Лега"

legoklodser

канструктар

byggeklodser

экшэн-фігурка

action figur

дзіцячы гарнітур

sparkedragt

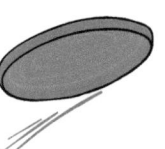

фрызбі

frisbee

дзіцячы мабіль

uro

настольная гульня

brætspil

кубік

terning

дзіцячая чыгунка

modeljernbane

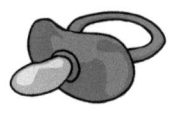

пустышка

sut

дзіцячае свята

fest

кніга з малюнкамі

billedbog

мячык

bold

лялька

dukke

гуляцца

lege

пясочніца

sandkasse

арэлі

gynge

цацкі

legetøj

гульнявая відэа прыстаўка

spillekonsol

трохколавы ровар

trehjulet cykel

плюшавы мішка

bamse

шафа

klædeskab

адзенне

tøj

шкарпэткі

sokker

панчохі

strømper

калготкі

strømpebukser

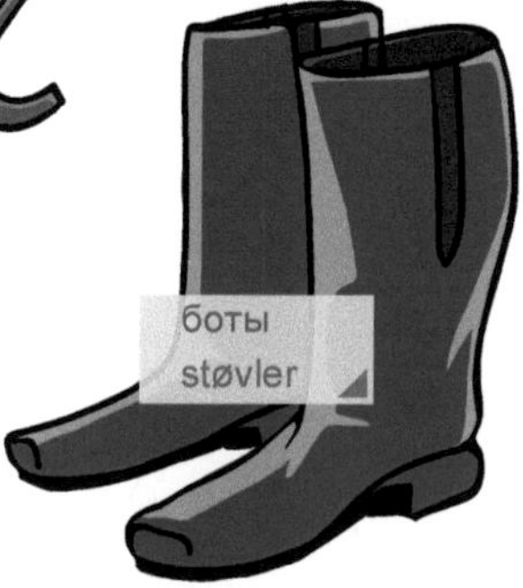

шалік
sjal

рамень
bælte

парасон
paraply

цішотка
T-shirt

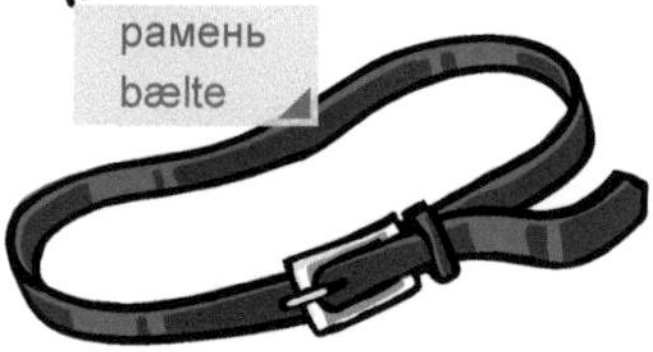

боты
støvler

пантоплі
hjemmesko

красоўкі
sneakers

сандалі
sandaler

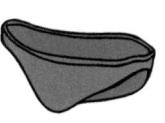

абутак
sko

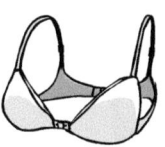

гумовыя боты
gummistøvler

трусы
underbukser

бюстгальтар
BH

майка
undertrøje

бодзі

body

штаны

bukser

джынсы

jeans

спадніца

nederdel

блузка

bluse

кашуля

skjorte

джэмпер

pullover

талстоўка

sweatshirt

блэйзер

blazer

куртка

jakke

паліто

frakke

дажджавік

regnfrakke

касцюм

kostume

сукенка

kjole

вясельная сукенка

brudekjole

касцюм

jakkesæt

начная сарочка

nattrøje

піжама

pyjamas

сары

sari

хустка

hovedtørklæde

цюрбан

turban

паранджа

burka

каптан

kaftan

Абая

abaya

купальнік

badedragt

плаўкі

badebukser

шорты

korte bukser

спартыўны касцюм

træningsdragt

фартух

forklæde

пальчаткі

handsker

гузік

knap

акуляры

briller

бранзалет

armbånd

каралі

kæde

кальцо

ring

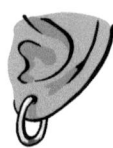

завушніца

ørering

кепка

hue

вешалка

bøjle

капялюш

hat

гальштук

slips

маланка

lynlås

шлем

hjelm

падцяжкі

seler

школьная форма

skoleuniform

уніформа

uniform

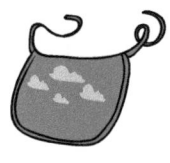

нагруднік

hagesmæk

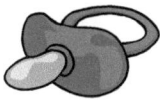

пустышка

sut

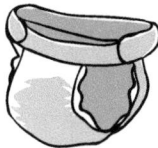

падгузнік

ble

офіс
kontor

сервер
server
канцылярская шафа
arkivskab
прынтэр
printer
папера
papir
манітор
skærm
мыш
mus
пісьмовы стол
skrivebord
тэчка
mappe
клавіятура
tastatur
смеццевы кошык
papirkurv
кампутар
computer
крэсла
stol

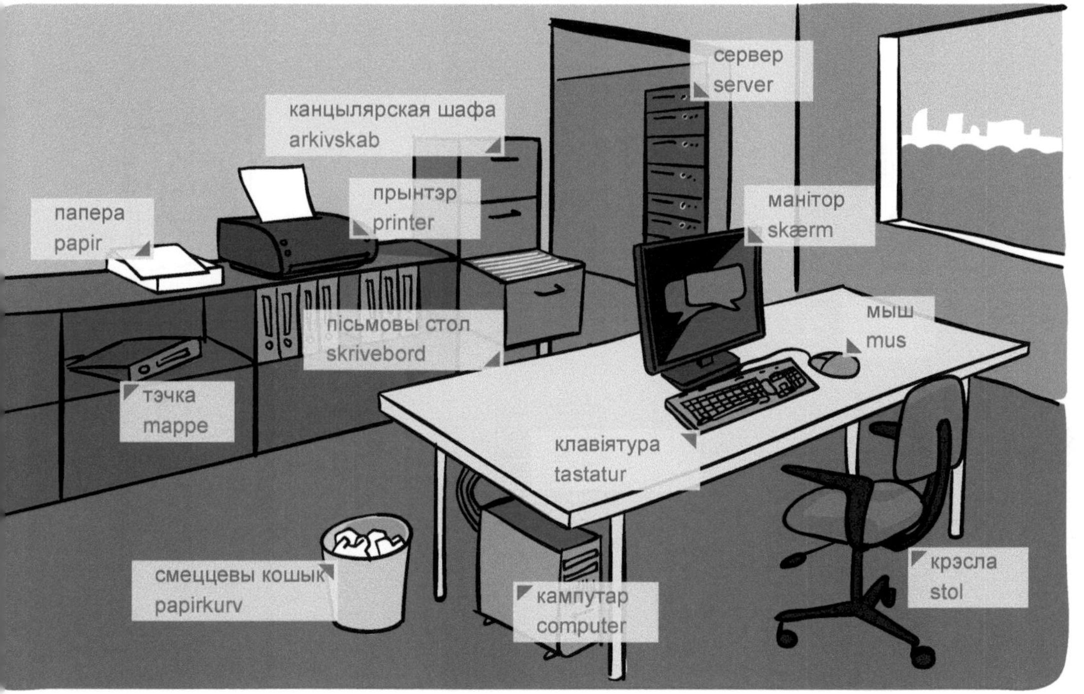

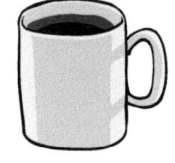

убак для кавы (філіжанка)

kaffekrus

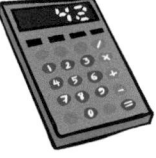

калькулятар

lommeregner

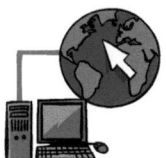

інтэрнэт

internet

ноўтбук

bærbar

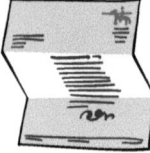

ліст

brev

паведамленне

besked

мабільны тэлефон

mobil

сетка

netværk

ксеракс

kopimaskine

праграмнае забеспячэнне

software

тэлефон

telefon

разетка

stikdåse

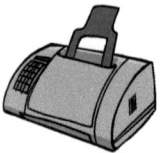

факс

fax

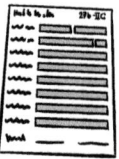

фармуляр

formular

дакумент

dokument

купляць

købe

плаціць

betale

гандляваць

handle

грошы

penge

долар

dollar

еўра

euro

ена

yen

рубель

rubel

франк

schweizerfranc

кітайскі юань

renminbi yuan

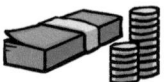

рупія

rupee

банкамат

hæveautomat

абменны пункт

vekselkontor

золата

guld

срэбра

sølv

нафта

olie

энергія

energi

цана

pris

кантракт

kontrakt

падатак

skat

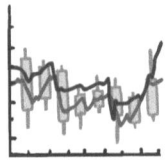

акцыя

aktie

працаваць

arbejde

служачы

ansat

працадаўца

arbejdsgiver

фабрыка

fabrik

крама

butik

прафесіі
erhverv

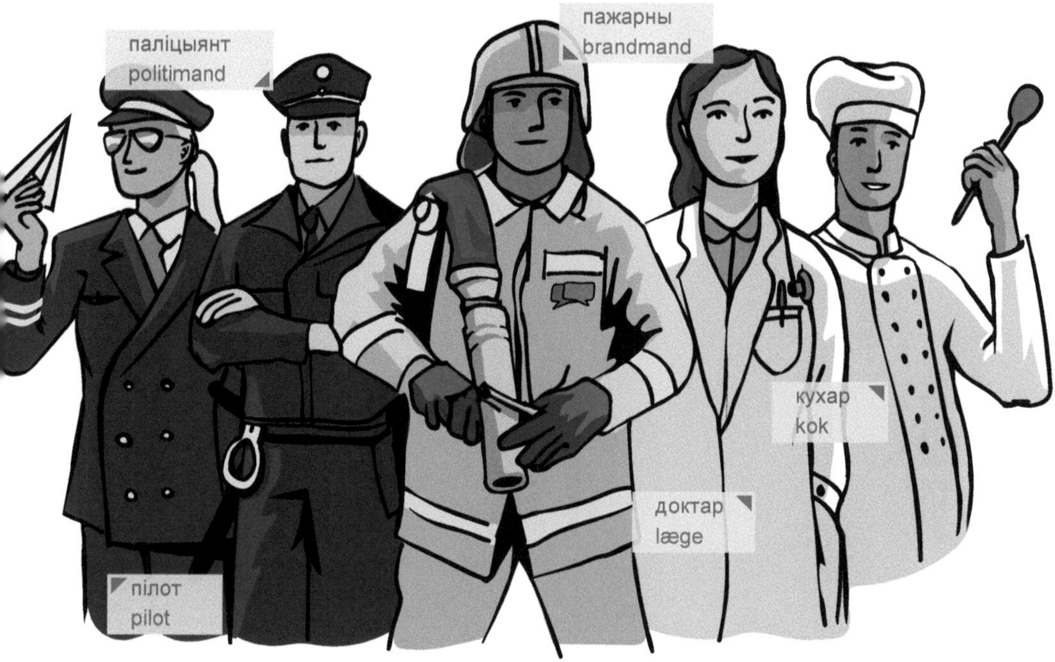

пажарны
brandmand
паліцыянт
politimand
кухар
kok
доктар
læge
пілот
pilot

садоўнік

gartner

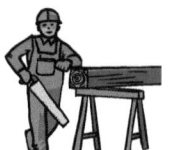

слесар

tømrer

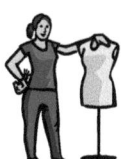

швачка

syerske

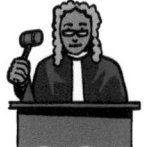

суддзя

dommer

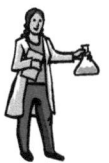

хімік

kemiker

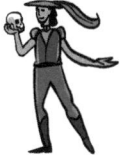

артыст

skuespiller

кіроўца аўтобуса

buschauffør

таксіст

taxachauffør

рыбак

fisker

прыбіральшчыца

rengøringskone

страхар

tagdækker

афіцыянт

tjener

паляўнічы

jæger

мастак

maler

пекар

bager

электрык

elektriker

будаўнік

bygningsarbejder

інжынер

ingeniør

мяснік

slagter

сантэхнік

vvs-mand

паштальён

postbud

салдат

soldat

архітэктар

arkitekt

касір

kasserer

фларыст

blomsterhandler

цырульнік

frisør

кандуктар

togfører

механік

mekaniker

капітан

kaptajn

стаматолаг

tandlæge

вучоны

videnskabsmand

рабін

rabbiner

імам

imam

манах

munk

святар

præst

інструменты
værktøj

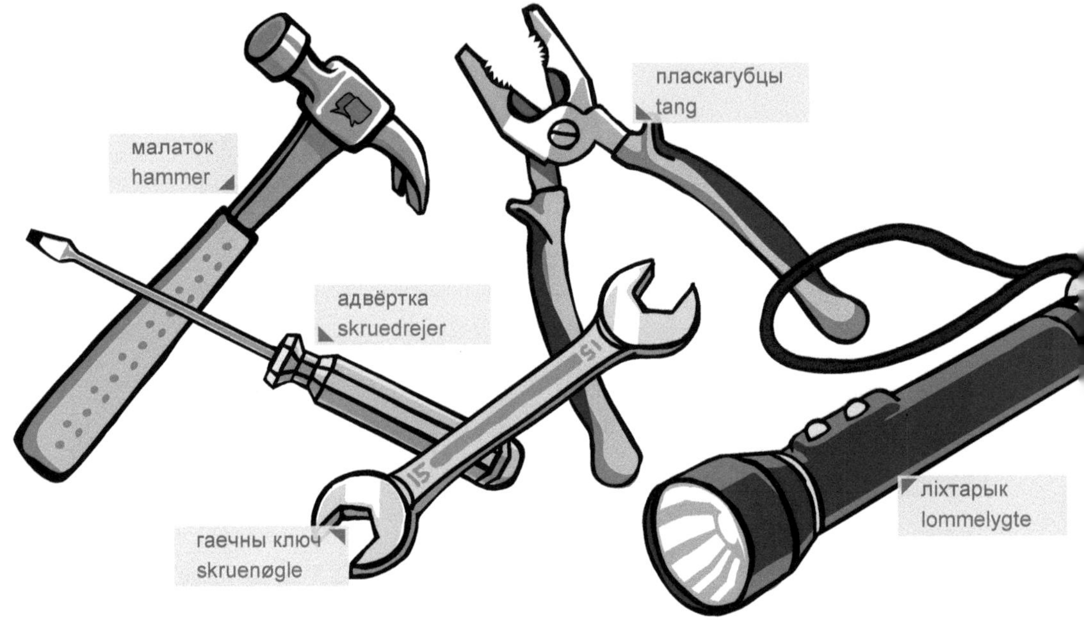
малаток
hammer
пласкагубцы
tang
адвёртка
skruedrejer
гаечны ключ
skruenøgle
ліхтарык
lommelygte

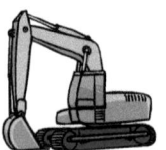

экскаватар
gravemaskine

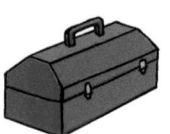

скрыня для інструментаў
værktøjskasse

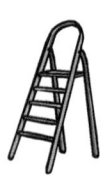

дравіны
stige

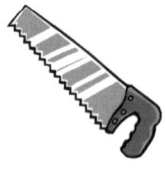

піла
sav

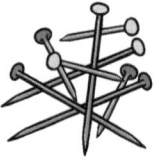

цвікі
søm

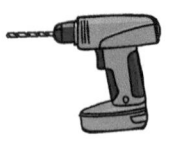

дрыль
bor

рамантаваць

reparere

рыдлеўка

skovl

Халера!

Lort!

шуфлік для смецця

fejebakke

вядро з фарбаю

malerspand

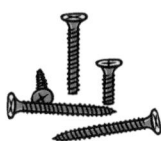

балты

skruer

музычныя інструменты
musikinstrumenter

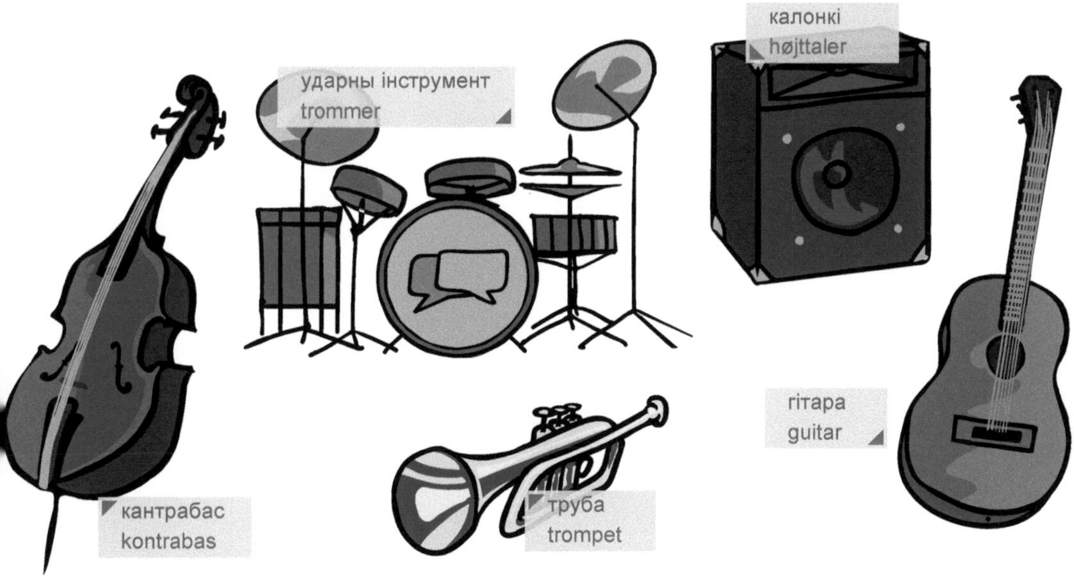

ударны інструмент
trommer

калонкі
højttaler

гітара
guitar

кантрабас
kontrabas

труба
trompet

піяніна

klaver

скрыпка

violin

басгітара

bas

літаўры

pauke

барабан

tromme

клавішны электрамузычны
інструмент

keyboard

саксафон

saxofon

флейта

fløjte

мікрафон

mikrofon

музычныя інструменты - musikinstrumenter

ув_ход
indgang

тыгр
tiger

клетка
bur

зебра
zebra

корм для жывёл
dyrefoder

панда
panda

жывёлы
....
dyr

слон
....
elefant

кенгуру
....
kænguru

насарог
....
næsehorn

гарыла
....
gorilla

мядзведзь
....
bjørn

вярблюд

kamel

стравус

struds

леў

løve

малпа

abe

фламінга

flamingo

папугай

papegøje

белы мядзведзь

isbjørn

пінгвін

pingvin

акула

haj

паўлін

påfugl

змяя

slange

кракадзіл

krokodille

наглядчык заапарка

dyrepasser

цюлень

sæl

ягуар

jaguar

поні

pony

леапард

leopard

бегемот

flodhest

жыраф

giraf

арол

ørn

дзік

vildsvin

рыбак

fisk

чарапаха

skildpadde

морж

hvalros

ліса

ræv

газель

gazelle

амерыканскі футбол
amerikansk football

веласпорт
cykling

тэніс
tennis

баскетбол
basketball

плаванне
svømning

бокс
boksning

хакей з шайбай
ishockey

футбол
fodbold

бадмінтон
badminton

лёгкая атлетыка
atletik

гандбол
håndbold

горныя лыжы
skiløb

пола
polo

скакаць
springe

абдымаць
give et knus

смяяцца
grine

ісці
gå

спяваць
synge

марыць
drømme

маліцца
bede

цалаваць
kysse

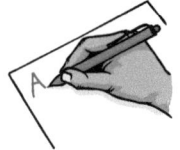

пісаць
skrive

маляваць
tegne

паказваць
vise

націснуць
skubbe

даваць
give

браць
tage

маць

have

выконваць

gøre

быць

være

стаяць

stå

бегчы

løbe

цягнуць

trække

кідаць

kaste

падаць

falde

ляжаць

ligge

чакаць

vente

насіць

bære

сядзець

sidde

апранацца

tage på

спаць

sove

прачынацца

vågne

глядзець
....
se på

плакаць
....
græde

лашчыць
....
ae

прычэсвацца
....
kæmme

гаварыць
....
tale

разумець
....
forstå

пытаць
....
spørge

чуць
....
høre

піць
....
drikke

есці
....
spise

прыбіраць
....
rydde op

кахаць
....
elske

гатаваць
....
koge

ехаць
....
køre

лятаць
....
flyve

плаваць пад ветразем

sejle

лічыць

regne

чытаць

læse

вучыць

lære

працаваць

arbejde

уступаць у шлюб

gifte sig med

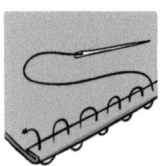

шыць

sy

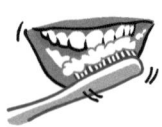

чысціць зубы

børste tænder

забіваць

dræbe

курыць

ryge

пасылаць

sende

сям'я
familie

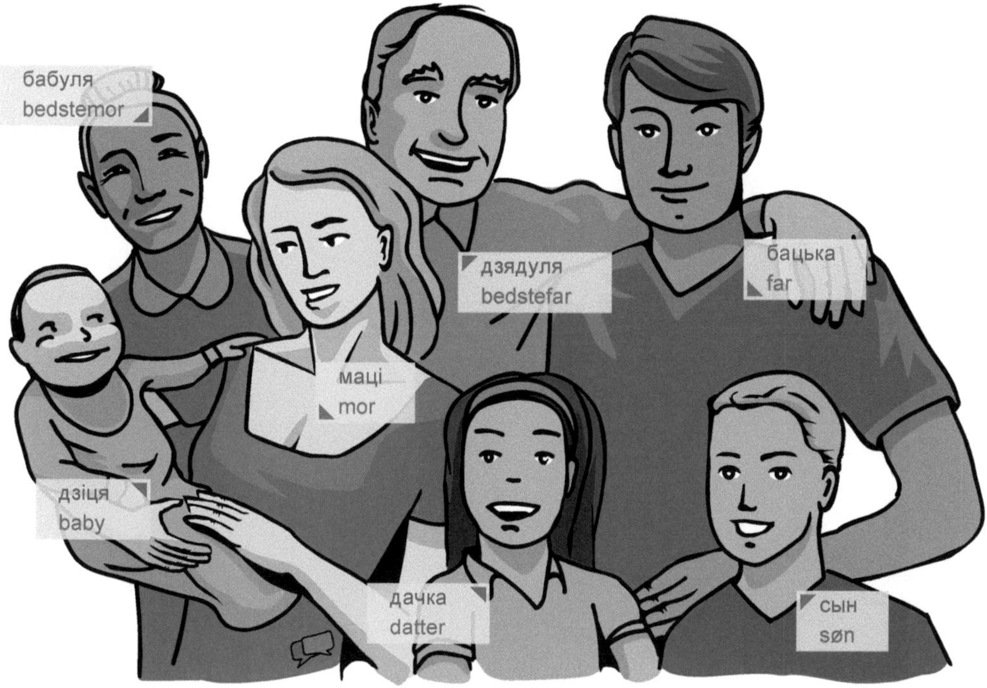
бабуля
bedstemor
дзядуля
bedstefar
бацька
far
маці
mor
дзіця
baby
дачка
datter
сын
søn

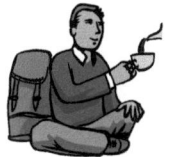

госць

gæst

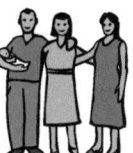

цётка

tante

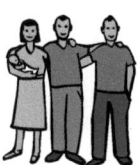

дзядзька

onkel

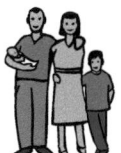

брат

bror

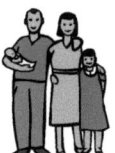

сястра

søster

цела

krop

лоб
pande
вока
øje
плячо
skulder
палец
finger
твар
ansigt
падбародак
hage
рука
hånd
нага
ben
грудзі
bryst
рука
arm

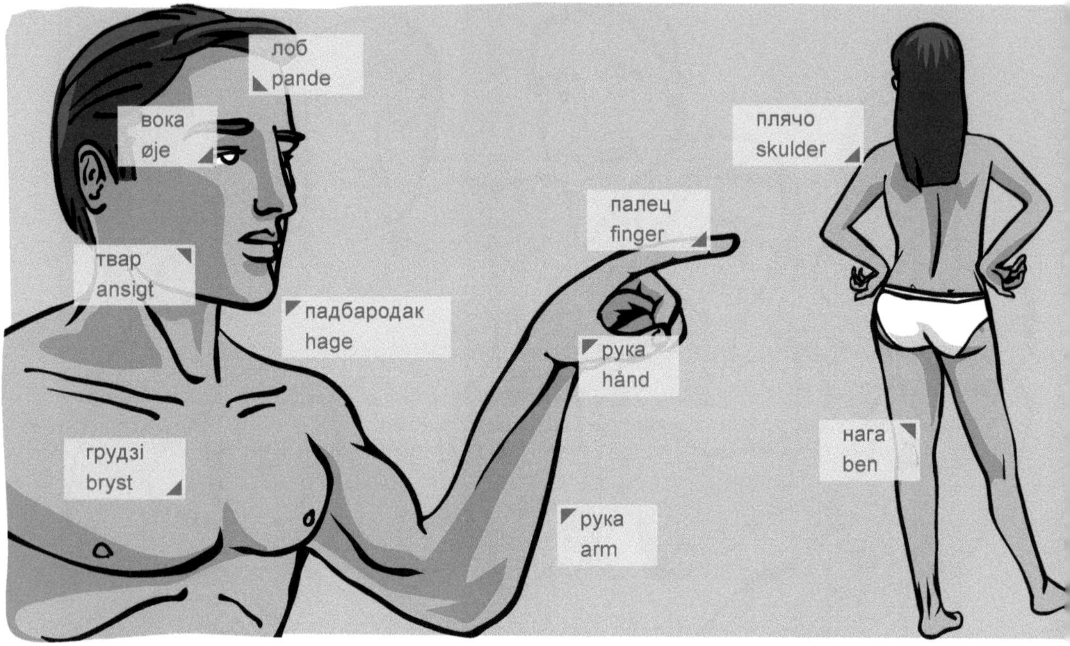

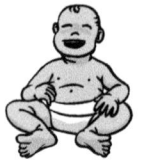

дзіця

baby

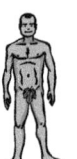

мужчына

mand

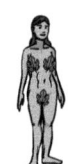

жанчына

kvinde

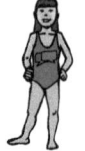

дзяўчынка

pige

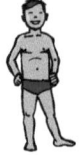

хлопчык

dreng

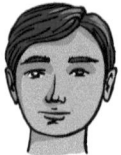

галава

hoved

спіна

ryg

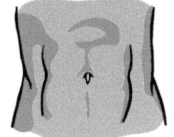

жывот

mave

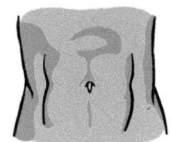

пуп

navle

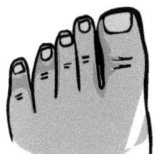

палец нагі

tå

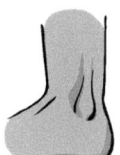

пятка

hæl

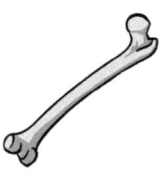

костка

knogle

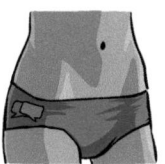

бядро

hofte

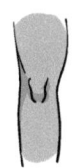

калена

knæ

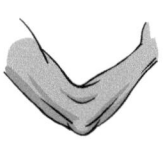

локаць

albue

нос

næse

ягадзіца

bagdel

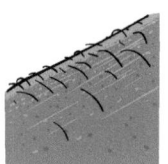

скура

hud

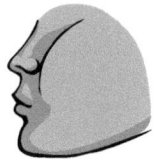

шчака

kind

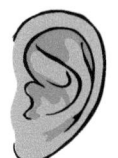

вуха

øre

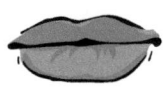

губа

læbe

рот

mund

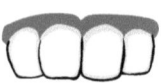

зуб

tand

язык

tunge

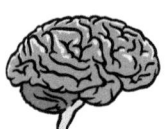

галаўны мозг

hjerne

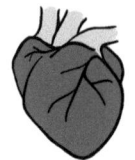

сэрца

hjerte

мышца

muskel

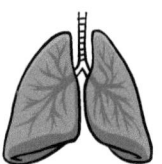

лёгкае

lunge

пячонка

lever

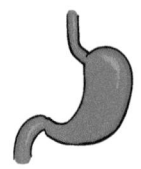

страўнік

mavesæk

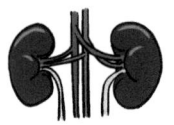

ныркі

nyrer

сэкс

sex

прэзерватыў

kondom

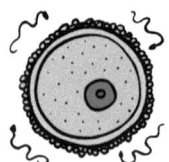

яйцаклетка

ægcelle

сперма

sperm

цяжарнасць

svangerskab

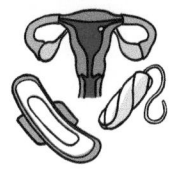

менструацыя

menstruation

похва

vagina

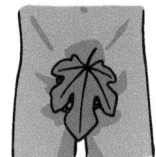

пеніс

penis

брыво

øjenbryn

валасы

hår

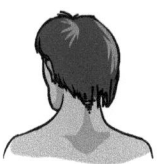

шыя

hals

шпіталь

sygehus

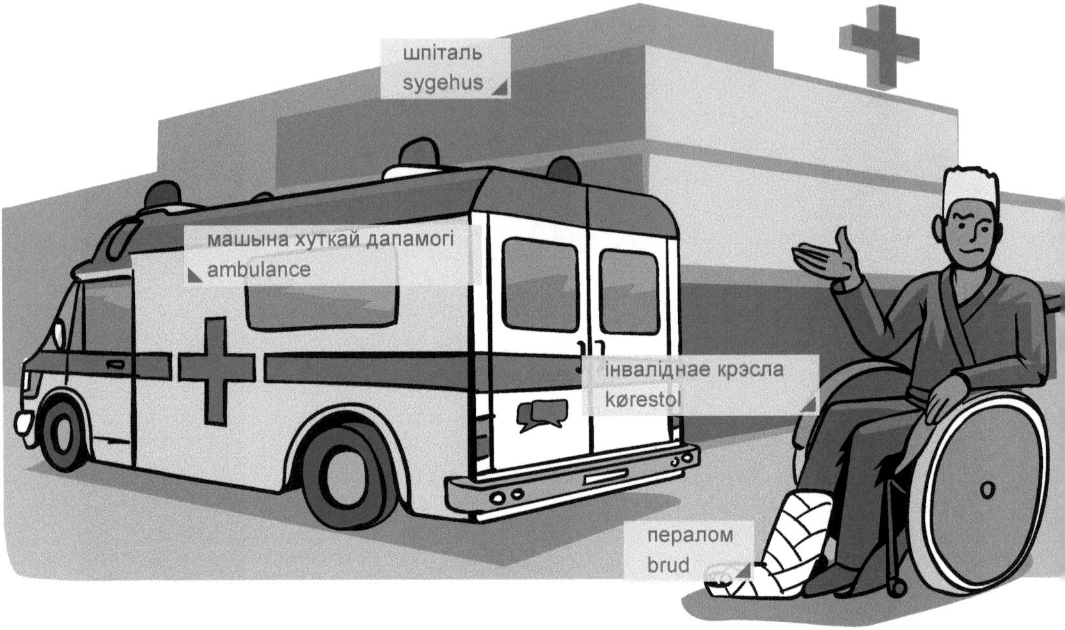

шпіталь
sygehus
машына хуткай дапамогі
ambulance
інваліднае крэсла
kørestol
пералом
brud

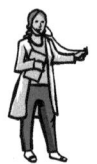

доктар

læge

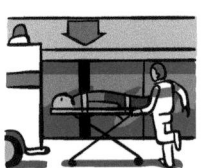

аддзяленне першай дапамогі

akutmodtagelse

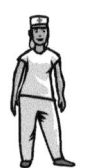

медсястра

sygeplejerske

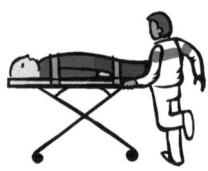

экстраная дапамога

nødstilfælde

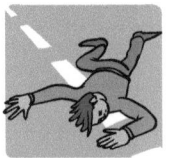

непрытомны

bevidstløs

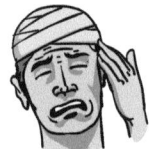

боль

smerte

траўма

skade

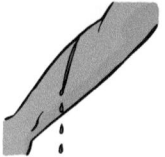

крывацёк

blødning

інфаркт

hjerteinfarkt

апаплексія

slagtilfælde

алергія

allergi

кашаль

hoste

гарачка

feber

грып

influenza

панос

diarré

галаўны боль

hovedpine

рак

kræft

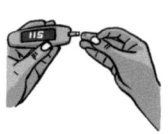

дыябет

diabetes

хірург

kirurg

скальпель

skalpel

аперацыя

operation

КТ
CT

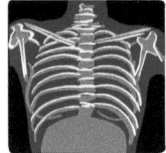

рэнтген
røntgen

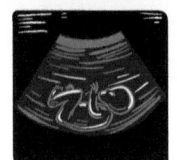

ультрагук
ultralyd

маска
maske

хвароба
sygdom

пачакальня
venteværelse

мыліца
krykke

пластыр
plaster

бінт
forbinding

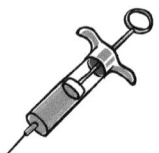

ін'екцыя
injektion

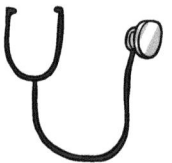

стэтаскоп
stetoskop

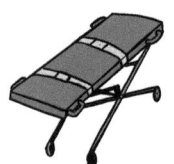

насілкі
båre

градуснік
termometer

нараджэнне
fødsel

лішняя вага
overvægt

шпіталь - sygehus

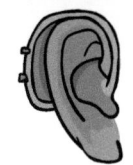

слухавы апарат

høreapparat

дэзінфекцыйны сродак

desinficerende middel

інфекцыя

infektion

вірус

virus

ВІЧ/СНІД

HIV / AIDS

лекі

medicin

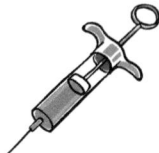

прышчэпка

vaccination

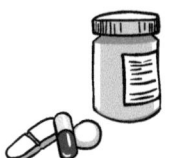

таблеткі

tabletter

супрацьзачаткавая таблетка

pille

экстраны выклік

nødopkald

танометр

blodtryksmåler

хворы / здаровы

syg / rask

Ратуйце!

Hjælp!

сігналізацыя

alarm

напад

overfald

атака

angreb

небяспека

fare

аварыйны выхад

nødudgang

Пажар!

Det brænder!

вогнетушыцель

ildslukker

аварыя

uheld

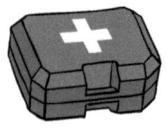

аптэчка

førstehjælps-kuffert

СОС

SOS

паліцыя

politi

Еўропа

Europa

Паўночная Амерыка

Nordamerika

Паўднёвая Амерыка

Sydamerika

Афрыка

Afrika

Азія

Asien

Аўстралія

Australien

Атлантычны акіян

Atlanterhavet

Ціхі акіян

Stillehavet

Індыйскі акіян

Indiske Ocean

Паўднёвы ледавіты акіян

Sydlige Ishav

Паўночны ледавіты акіян

Ishav

Паўночны полюс

Nordpol

Паўднёвы полюс

Sydpol

Антарктыда

Antarktis

Зямля

Jorden

краіна

land

мора

hav

востраў

ø

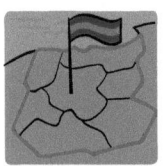

нацыя

nation

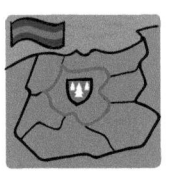

дзяржава

stat

цыферблат

urskive

гадзінная стрэлка

timeviser

хвілінная стрэлка

minutviser

секундная стрэлка

sekundviser

Колькі часу?

Hvad er klokken?

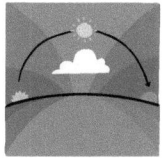

дзень

dag

час

tid

зараз

nu

электронны гадзіннік

digitalur

хвіліна

minut

гадзіна

time

тыдзень

uge

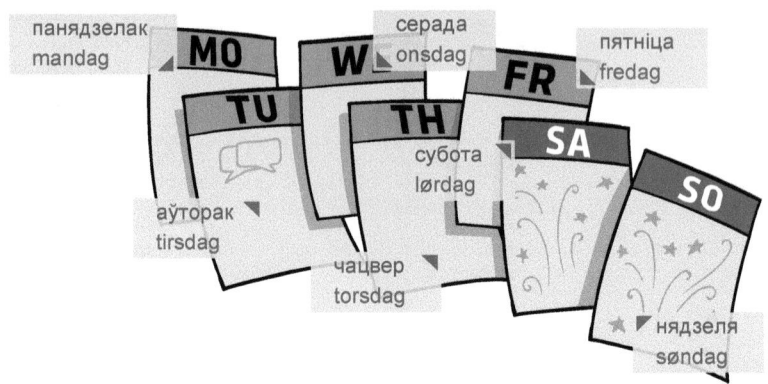

панядзелак
mandag

серада
onsdag

пятніца
fredag

аўторак
tirsdag

чацвер
torsdag

субота
lørdag

нядзеля
søndag

ўчора

i går

сёння

i dag

заўтра

i morgen

раніца

morgen

абед

middag

вечар

aften

MO	TU	WE	TH	FR	SA	SU
1	2	3	4	5	6	7
8	9	10	11	12	13	14
15	16	17	18	19	20	21
22	23	24	25	26	27	28
29	30	31	1	2	3	4

працоўныя дні

arbejdsdage

MO	TU	WE	TH	FR	SA	SU
1	2	3	4	5	6	7
8	9	10	11	12	13	14
15	16	17	18	19	20	21
22	23	24	25	26	27	28
29	30	31	1	2	3	4

выхадныя

weekend

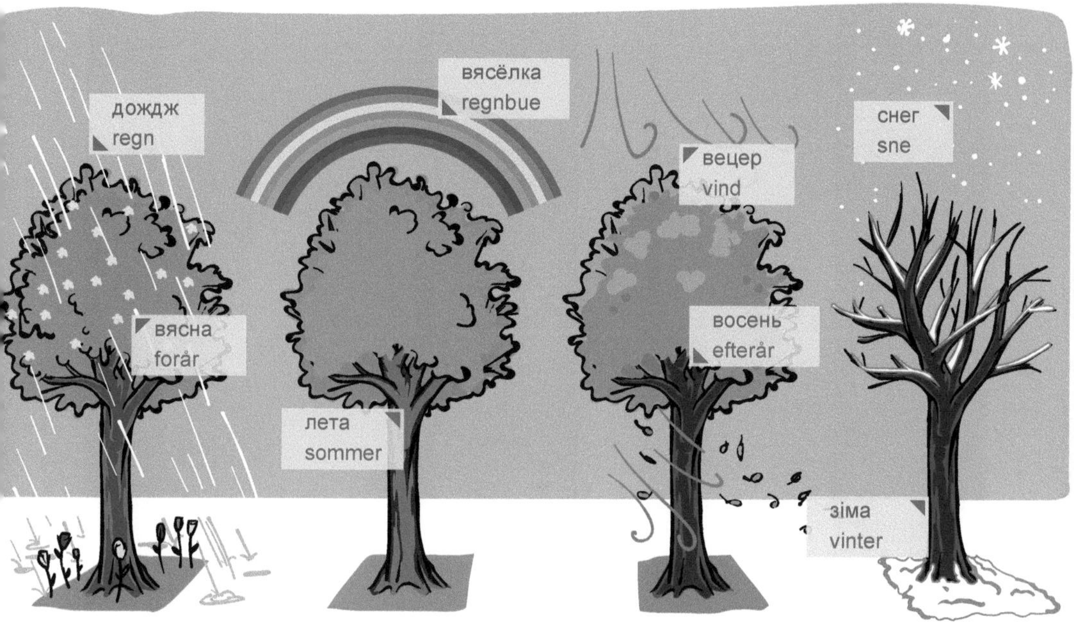

дождж
regn
вясёлка
regnbue
снег
sne
вецер
vind
вясна
forår
восень
efterår
лета
sommer
зіма
vinter

4.APRIL 11°
5.APRIL 4°
6.APRIL 13°
7.APRIL 8°
8.APRIL 10°

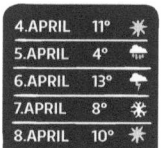

прагноз надвор'я

vejrudsigt

F C
120 40
90 30
60 20
30 10
0 0
-30 -10
-20

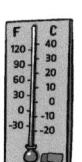

градуснік

termometer

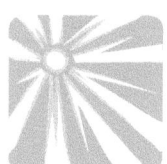

сонечнае святло

solskin

воблака

sky

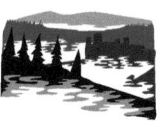

туман

tåge

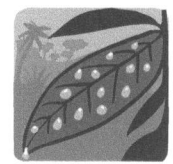

вільготнасць паветра

luftfugtighed

маланка

lyn

гром

torden

бура

storm

град

hagl

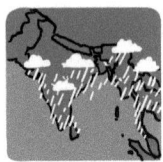

мусонны вецер

monsun

прыліў

flod

лёд

is

студзень

januar

люты

februar

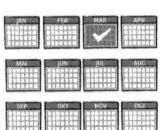

сакавік

marts

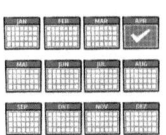

красавік

april

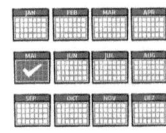

май

maj

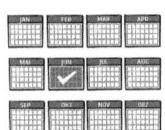

чэрвень

juni

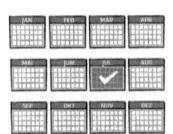

ліпень

juli

жнівень

august

год - år

верасень

september

кастрычнік

oktober

лістапад

november

снежань

december

формы
former

круг

cirkel

квадрат

kvadrat

прамавугольнік

firkant

трохвугольнік

trekant

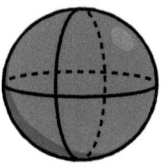

шар

kugle

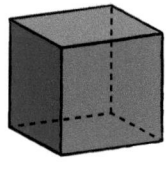

куб

terning

белы

hvid

жоўты

gul

аранжавы

orange

ружовы

pink

чырвоны

rød

фіялетавы

lilla

сіні

blå

зялёны

grøn

карычневы

brun

шэры

grå

чорны

sort

шмат / мала

meget / lidt

злы / добры

rasende / fredelig

прыгожы / брыдкі

smuk / grim

пачатак / канец

begyndelse / slut

высокі / малы

stor / lille

светлы / цёмны

lys / mørk

сястра / брат

bror / søster

чысты / брудны

ren / snavset

поўны / няпоўны

fuldkommen / ufuldkommen

дзень / ноч

dag / nat

мёртвы / жывы

død / levende

шырокі / вузкі

bred / smal

ядомы / неядомы

spiselig / uspiselig

злы / добры

vred / venlig

узбуджаны / нудны

ophidset / kedet

тоўсты / тонкі

tyk / tynd

першы / апошні

først / sidst

сябар / вораг

ven / fjende

поўны / пусты

fuld / tom

цвёрды / мяккі

hård / blød

важкі / лёгкі

tung / let

голад / смага

sult / tørst

хворы / здаровы

syg / rask

нелегальны / легальны

illegal / legal

разумны / дурны

intelligent / dum

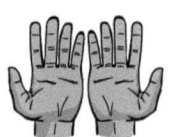

левы / правы

venstre / højre

побач / далёка

nær / fjern

новы / былы ва ўжыванні
ny / brugt

нічога / нешта
intet / noget

стары / малады
gammel / ung

укл / выкл
tændt / slukket

адчынены / зачынены
åben / lukket

ціхі / гучны
stille / højt

багаты / бедны
rig / fattig

правільна / няправільна
rigtig / forkert

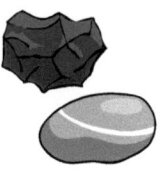

шурпаты / гладкі
ru / glat

сумны / шчаслівы
ked af det / lykkelig

кароткі / доўгі
kort / lang

павольны / хуткі
langsom / hurtig

вільготны / сухі
våd / tør

цёплы / халаднаваты
varm / kold

вайна / мір
krig / fred

лічбы

0

нуль

nul

1

адзін

en

2

два

to

3

тры

tre

4

чатыры

fire

5

пяць

fem

6

шэсць

seks

7

сем

syv

8

восем

otte

9

дзевяць

ni

10

дзесяць

ti

11

адзінаццаць

elleve

12

дванаццаць

tolv

13

трынаццаць

tretten

14

чатырнаццаць

fjorten

15

пятнаццаць

femten

16

шаснаццаць

seksten

17

сямнаццаць

sytten

18

васямнаццаць

atten

19

дзевятнаццаць

nitten

20

дваццаць

tyve

100

сто

hundrede

1.000

тысяча

tusinde

1.000.000

мільён

million

англійская

engelsk

англійская (Амерыка)

amerikansk engelsk

кітайская мандарынская

kinesisk mandarin

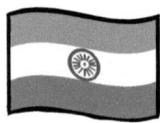

хіндзі

hindi

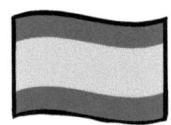

іспанская

spansk

французская

fransk

арабская

arabisk

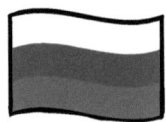

руская

russisk

партугальская

portugisisk

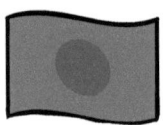

бенгальская

bengalsk

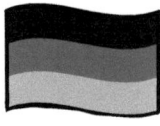

нямецкая

tysk

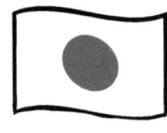

японская

japansk

я
jeg

ты
du

ён / яна / яно
han / hun / den / det

мы
vi

вы
I

яны
de

хто?
hvem?

што?
hvad?

як?
hvordan?

дзе?
hvor?

калі?
hvornår?

імя
navn

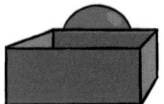

за
bag

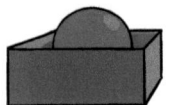

у
i

перад
foran

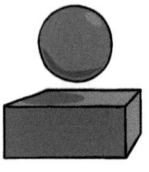

над
over

на
på

пад
under

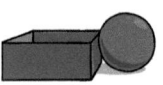

каля
ved siden af

паміж
imellem

месца
sted